AF588949

ANTI-LOTERIE.

Ce titre a dû être donné au projet d'une *Loterie d'immeubles*, qui pure de toute immoralité et exempte des dangers de la loterie actuelle, en remplacerait les produits, et détruirait ainsi le principal motif qui fait différer son abolition.

Remplacer les produits de la loterie actuelle ;

Fournir en attendant à l'état une nouvelle branche de revenu ;

Arrêter la sortie journalière de notre numéraire ;

Attirer chez nous celui de l'étranger ;

Augmenter la valeur des terres qui en ont le moins ;

Faire jaillir de ces terres presque improductives de nouveaux produits ;

Tirer de leur stagnation actuelle les biens de ville, tels que maisons mal situées, bâtimens en construction, emplacemens, etc. ;

Ouvrir ainsi, soit dans les campagnes, soit dans les villes, pour les ouvriers, une mine inépuisable de travaux ;

Tels seraient les effets de l'exécution de ce projet, développés dans les trois écrits suivans ;

1° Projet d'une loterie d'immeubles, exempte des dangers de la loterie actuelle, pouvant au besoin en remplacer les produits, etc. (2ᵉ édition.)

2° Réponse aux objections faites dans le Bulletin universel des Sciences et de l'Industrie, etc. (2ᵉ édition.)

3° Précis sur l'utilité et l'opportunité de la création immédiate de cette loterie.

PAR P. FABRE.

On trouvera les trois écrits ci-dessus séparés ou réunis

A PARIS,

CHEZ : { Les principaux libraires ;
M. LORET, rue de Provence, n° 56.

DÉCEMBRE 1831.

AVANT-PROPOS.

Le projet de loterie d'immeubles, dont il est ici question, est développé dans les mémoires ci-après, qui furent présentés en manuscrits les 12 avril et 14 mai 1825, à M. de Villèle alors ministre; il n'y a de plus que les notes qu'on trouvera à la fin de quelques pages. M. de Villèle après l'avoir fait examiner, répondit que les lois existantes s'opposaient à ce qu'il y fût donné des suites.

Les circonstances actuelles, ainsi que celles qui ont pu avoir lieu depuis 1825, n'ayant fait que fortifier dans l'esprit de l'auteur la conviction de son utilité, il se détermine aujourd'hui à lui donner de la publicité, afin que si cette conviction était partagée, le Gouvernement fût d'autant plus porté à accorder son attention à ce projet, de l'exécution duquel résulteraient infailliblement plusieurs avantages importans.

1° La loterie d'immeubles proposée, qui n'a aucun des inconvéniens de la loterie actuelle, remplacerait les produits de cette dernière si elle est supprimée, et dans le cas contraire, elle accroîtrait d'autant les revenus publics.

2° (Et ce résultat-ci est le principal qu'on a eu en vue), elle procurerait aux propriétaires des terres médiocres, mauvaises ou situées dans des localités défavorables, un moyen de les vendre d'une manière plus facile et moins onéreuse. Il est constant que de pareilles propriétés restent long-temps en vente avant de trouver des acheteurs, et que ceux qui enfin se présentent, ne sont attirés que par le vil prix auquel on est obligé de les leur donner.

Ainsi le sort de cette classe nombreuse de propriétaires serait sensiblement amélioré par l'établissement proposé, et ce qui serait d'un intérêt plus général, c'est que ces propriétés elles-mêmes, ordinairement presqu'improductives, parce que le découragement ou le défaut de moyens des propriétaires les empêchent de les bien cultiver, subiraient nécessairement une heureuse métamorphose; car passant des mains de ceux-ci, dans celles de propriétaires nouveaux, à qui elles n'auraient à peu près rien coûté, ces derniers par ce motif et par la disposition d'ailleurs naturelle à tout nouveau propriétaire, ne manqueraient pas d'y faire les avances nécessaires pour les amener promptement à un plus grand produit.

De plus, ces nouveaux propriétaires que le hasard disséminerait ainsi sur toutes les parties de la France, y transporteraient les ustensiles, usages et méthodes de leur pays, et la comparaison qu'on en ferait avec ceux de leur nouvelle résidence, en faisant triompher les meilleurs, aurait bientôt détruit les routines locales : cequi, sans contredit, serait un des plus grands services qu'on puisse rendre à l'agriculture.

Si ces avantages sont bien constatés, ils mériteraient sans doute qu'on abroge les cinq ou six articles des lois des 9 vendémiaire, 3 frimaire, 9 germinal an VI, et l'article 410 du Code pénal, qui sont un obstacle à l'adoption du projet.

Du reste, en parlant de l'exemple que nous ont donné les Anglais en supprimant leur loterie, l'auteur a été conduit à émettre quelques réflexions sur notre situation et sur celle de l'Angleterre sous quelques rapports, et à réclamer contre certaines préventions généralement répandues alors, et dont la tendance qu'elles ont aujourd'hui à s'affaiblir doit d'autant plus nous être agréable, qu'elles n'étaient rien moins que favorables à notre pays ; et se trouvant à la tribune, où il n'est pas sans exemple qu'à propos d'une chose on parle d'une autre, il a profité de cette occasion, qui probablement ne se renouvellera plus pour lui, pour hasarder aussi quelques idées sur les bâtimens à vapeur, dont il y a eu peut-être quelque exagération de sa part à dire que l'invention équivaut à peu près à un accident qui aurait mis à sec le détroit qui nous sépare de l'Angleterre; mais toujours est-il que cette découverte, dont il serait à désirer que le public soit souvent entretenu par ceux dont les connaissances peuvent contribuer à nous la rendre plus promptement applicable, contribuerait beaucoup à accroître la puissance et la prospérité de la France, au profit de laquelle le gouvernement ne manquera sans doute pas d'en tirer tout le parti possible ; et ces idées frappent tellement tous les esprits, que ceux même qui sur cette matière ne peuvent avoir qu'une opinion d'instinct manquent rarement de sentir et de faire observer, lorsqu'ils entendent parler de bâtimens à vapeur, que l'Angleterre eût couru de bien funestes chances, si le plus terrible ennemi qu'elle ait jamais eu, au lieu de bateaux plats, eût eu la ressource des bateaux à vapeur.

Quoi qu'il en soit, il est certain que notre gouvernement peut rendre la France encore plus respectable, avec ce nouveau moyen et sa population si nombreuse qu'on peut appeler friande de dangers, en prenant surtout au pied de la lettre, ce qui se dit souvent en Angleterre, qu'il suffit de montrer un danger à des Français, pour qu'ils y courent, galanterie sans doute un peu exagérée, mais qui n'est pas au fond dépourvue de vérité.

Puisse au surplus ce projet obtenir quelque attention de la part des hommes versés dans les questions qu'il soulève, et puissent-ils eux-mêmes en mieux démontrer les avantages que n'a pu le faire l'auteur!

PROJET
D'UNE LOTERIE
DE
BIENS-FONDS OU D'IMMEUBLES,

Exempte des dangers de la loterie actuelle, pouvant au besoin en remplacer les produits et ayant surtout pour objet d'augmenter la valeur et le rapport des terres médiocres ou mauvaises, et des biens de ville, comme maisons mal situées, bâtimens en construction, emplacemens, etc., d'améliorer le sort de leurs nombreux propriétaires, et d'ouvrir ainsi dans les villes et les campagnes, pour les ouvriers, une mine inépuisable de travaux.

L'idée qu'on essaie de développer ici, parait devoir être rangée dans le petit nombre de celles dont l'exécution peut faire du bien à tous sans nuire à aucun; accroître les revenus de l'État sans diminuer ceux des particuliers; augmenter la valeur des propriétés qui en ont le moins, procurer à leurs propriétaires, entre les mains de qui elles sont presque immobilisées, un nouveau moyen de les vendre d'une manière plus facile et moins désavantageuse.

On propose de créer une Loterie d'Immeubles, et d'abroger, en conséquence, les articles des lois encore existantes qui s'y opposent.

De bons motifs sans doute avaient présidé à la création de ces lois; mais ces motifs n'existent probablement plus aujourd'hui, puisque en même temps que le Gouvernement refuse (1) à ceux qui la demandent l'autorisation de vendre leur bien par la voie de la loterie, il tolère les annonces

(1) Cette autorisation fut refusée à l'auteur le 25 avril 1820 par M. Roy, et le 26 juin 1823 par M. de Villèle.

qu'on lit journellement dans certains journaux, de loteries de propriétés étrangères.

En effet depuis long-temps en Allemagne, en Autriche surtout, on voit continuellement en vente de grandes propriétés par la voie de la loterie; et les annonces quotidiennes qu'en font certains journaux n'ont d'autre but que d'engager les Français à s'y intéresser. Il résulte de cela en France, une vente plus ou moins considérable de ces billets de loteries étrangères, et par suite une sortie continuelle de numéraire qui se trouve ainsi perdu pour nous sans nul profit ni compensation (2).

Le Gouvernement toujours occupé de grands intérêts, ne peut songer à tout; mais il a trop à cœur le bien général, pour que lorsqu'on lui signale un dommage ou un abus à détruire ou une amélioration facile à créer, il ne mette à provoquer ou à ordonner les changemens nécessaires, une bonne volonté et un empressement proportionnés à leur importance et à l'influence qu'ils peuvent avoir sur la prospérité générale.

C'est cette confiance dans ses bonnes intentions qui détermine l'auteur à mettre au jour le présent écrit, persuadé que si les vues qui y sont présentées ont le degré d'utilité qu'il leur suppose, elles ne seront pas perdues.

Il vient d'être dit que l'établissement d'une loterie d'immeubles serait utile aux particuliers et à l'État.

En effet les particuliers y trouveraient un grand avantage : d'abord ce serait un moyen de plus ajouté à ceux déjà existans pour l'aliénation des propriétés dont la vente est la plus difficile et la plus désavantageuse. Si on en pouvait imaginer d'autres, il faudrait le faire, puisqu'il est aujourd'hui

(2) En avril 1825, époque où ce mémoire fut remis à M. de Villèle, ces annonces avaient lieu journellement, et c'est en août 1826 qu'elles cessèrent de paraître

démontré que c'est un bien de mobiliser, sinon autant que possible, du moins jusqu'à concurrence de graves inconvéniens, les propriétés, surtout celles dont la nature et le mauvais état éloignent des acheteurs.

Il est certain que plus les propriétaires, ceux qui sont obérés surtout, ont de la facilité à vendre leurs biens, plutôt ils acquièrent cette aisance et cette tranquillité qui augmentent d'autant l'aisance et la tranquillité générales : et c'est le cas d'observer qu'une propriété rurale, principalement, dont le maitre veut se défaire, soit parce qu'il a besoin de la vendre, soit seulement parce qu'il en est dégoûté, est ordinairement négligée, et produit bien moins entre ses mains qu'elle ne produirait entre celles d'un propriétaire nouveau, qui surtout en commençant, est toujours plein d'ardeur et d'activité pour la restaurer et l'élever à son plus grand produit. De son côté l'État qui ne perçoit aucuns droits si la propriété reste toujours dans les mêmes mains, trouve dans les mutations un accroissement de revenu : ainsi plus d'aisance pour les particuliers, de plus grands produits offerts à la consommation et au commerce, un surcroît de revenu pour l'État..... Tout le monde y gagne.

Le moyen que je propose, serait surtout d'un grand secours pour les propriétaires dont les biens sont situés dans des localités défavorables. Il n'est que trop vrai que, dans une grande partie de la France, les terres qui ne sont pas situées dans le voisinage des villes ont infiniment moins de valeur, et qu'au-delà d'un certain rayon elles trouvent peu d'acheteurs. Indépendamment de celles-là, il en est encore d'une espèce plus fâcheuse, et ce sont celles contre lesquelles il existe de si fortes préventions, que personne n'en veut, malgré que ce soit un axiôme en agriculture qu'*autant vaut l'homme, autant vaut la terre*, et malgré que réellement il n'en existe pas de si médiocre ou de si mauvaise dont un propriétaire aisé et intelligent ne puisse tirer parti.

C'est principalement à des propriétés pareilles que serait favorable le moyen de la loterie, puisqu'il leur attirerait en France et dans l'étranger une nouvelle et nombreuse classe d'acheteurs; car s'il est vrai qu'un capitaliste qui veut placer son argent en biens-fonds, préfère ceux qui sont les mieux situés et de la qualité desquels on a bonne opinion, il ne l'est pas moins qu'on n'y regarde pas de si près, lorsque pour une petite somme que l'on hasarde on peut gagner une grande propriété : en pareil cas, une situation plus ou moins avantageuse, l'opinion plus ou moins bonne qu'on en a, n'empêcherait guère personne de courir pour peu de chose la chance d'en devenir possesseur.

Ce serait un jeu sans doute; mais de tous les jeux il serait sans contredit le moins dangereux, pourvu que, dans les réglemens et statuts qui seraient faits, les billets fussent fixés à un prix assez élevé pour que les classes inférieures ne pussent y atteindre. Ainsi loin que cette institution eût rien d'immoral, elle aurait cet avantage de réunir une masse d'individus qu'on pourrait considérer comme associés pour une opération dont le résultat doit faire le bonheur et la fortune d'un ou de plusieurs d'entre eux, libérer souvent un propriétaire embarrassé, accroître les produits de la propriété, procurer une plus grande quantité de travail aux ouvriers, augmenter les revenus publics; et, dans ce sens, elle aurait quelque ressemblance avec ces souscriptions dont l'objet est de faire une bonne œuvre, et même pour peu qu'on y réfléchisse on reste convaincu que c'est au fond un de ces actes tout à la fois de patriotisme et de bienfaisance, dont on retire au moins la satisfaction qui toujours accompagne une action généreuse faite à bonne intention.

Il arriverait souvent qu'un individu, que cette loterie aurait rendu tout-à-coup possesseur d'un bien situé à une grande distance du lieu de sa résidence, soit à cause de cet éloignement, soit par d'autres motifs, s'empresserait de le revendre : en ce cas, nouvelle mutation, profit de nouveau pour le fisc, circulation plus active de capitaux; souvent aussi ce nouveau propriétaire voudrait garder la propriété qu'il aurait gagnée, pour l'habiter et l'améliorer.

Ainsi l'on verrait l'habitant du nord de la France se transplanter dans le midi, celui du midi dans le nord; chacun importerait réciproquement dans sa nouvelle résidence ce qu'il y aurait de meilleur dans les usages et les méthodes de son pays, qui se propageraient ainsi de la manière la plus naturelle. Ainsi seraient combattues et détruites les routines locales, et de là s'ensuivraient pour l'agriculture en général de promptes améliorations.

Tels sont les avantages que les particuliers retireraient de la création d'une loterie de biens-fonds. A présent voyons ceux qu'elle procurerait à l'État.

D'abord, le produit annuel de la loterie royale n'en serait guère diminué, s'il l'était; car ceux qui sont dans l'habitude d'y jouer, ne pourraient jouer à celle des biens-fonds; et le moyen de l'empêcher serait, ainsi qu'il a été déjà dit, de prescrire que les billets de la Loterie d'immeubles, sans être d'une somme trop élevée, le fussent assez pour être au-dessus de la portée du grand nombre des joueurs à la loterie ordinaire, dont par là le produit annuel n'éprouverait guère de diminution.

Quant aux produits de l'enregistrement, ils n'en seraient pas diminués non plus, puisque les ventes d'immeubles de première et deuxième classes, par les voies ordinaires n'en seraient guère moins nombreuses : d'ailleurs, celles qui auraient lieu par la Loterie des biens-fonds, ne feraient aucun tort au produit annuel de l'enregistrement, puisque dans ce cas même, il n'en aurait pas moins ses droits à percevoir; et comme cette Loterie nouvelle serait naturellement recherchée par les propriétaires des biens situés dans des localités défavorables, et de ceux contre lesquels il existe des préventions bien ou mal fondées, biens qui restent quelquefois dix ans en vente sans trouver un acheteur, et à la vente desquels les propriétaires finissent souvent par renoncer, découragés qu'ils sont par l'iuutilité des tentatives qu'ils ont faites, ou par le trop vil prix qui leur en a été offert, il résulterait de là que la vente de pareils biens jusqu'alors condamnés à l'immobilisation, devenant non seulement possible mais même facile par la voie de la Loterie, ces ventes seraient plus nombreuses et procureraient à l'enregistrement un surcroît de revenu important.

Objectera-t-on que par la même raison qui éloigne les acheteurs de rechercher des biens de cette nature, on serait éloigné aussi de s'intéresser à la Loterie qu'on en ferait? Cette objection serait peu fondée. En effet, autre chose est de se décider à employer, je suppose, CENT MILLE francs à l'achat d'une propriété réputée médiocre ou mauvaise; et autre chose est de courir la chance de la gagner pour VINGT francs. Autant on est peu empressé dans le premier cas, autant il y a de l'attrait à essayer d'en devenir propriétaire dans le second.

Sans doute les personnes qui ont sans cesse devant les yeux le *dictum* : *loterie*, *duperie*, ne hasarderaient pas leur argent dans des loteries de biens-fonds; mais un grand nombre aussi ne regarderait pas à une petite somme pour courir la chance de gagner une propriété; et pour être convaincu qu'on trouverait beaucoup d'amateurs, il suffit de considérer combien il est dans notre nature, d'aimer à tenter la fortune et à courir des hasards, surtout de ceux qui ne ruinent pas.

Non seulement par les raisons déduites, beaucoup de nationaux s'intéresseraient à la Loterie des biens-fonds, mais de plus il y a de justes motifs d'espérer que les étrangers y prendraient une grande part. De tout temps notre France n'a-t-elle pas eu de quoi faire regretter à ceux d'entre eux qui l'ont connue, de n'y être pas nés ou de ne pas y être fixés? Ne lui a t-on pas toujours reconnu une supériorité décidée sur tous les autres pays, supériorité si bien justifiée par les avantages de son climat et de son sol, par la douceur de son gouvernement et de ses lois, par le caractère et le génie de ses habitans, et leur sociabilité fraternelle envers les étrangers?

Quel succès ne devrait donc pas avoir en Europe l'établissement d'une Loterie de biens-fonds situés en France? Si nous trouvons de l'attrait à prendre des billets de loteries de biens-fonds situés en Allemagne et dans des climats assurément moins favorisés que le nôtre, combien d'étrangers, ceux surtout qui habitent ces climats, ne devraient-ils pas être engagés à s'intéresser dans des loteries de biens situés dans cette France que tous veulent voir, que tous ceux qui l'ont vue voudraient habiter? Comment résisteraient ils à l'appât d'une chance qui, pour une modique somme, peut de suite les placer parmi les grands propriétaires d'un pays aussi privilégié?

Sans rien exagérer à cet égard, on pourrait compter dans toute l'Europe, sur un grand nombre d'intéressés à des loteries de biens-fonds situés en France.

Combien d'argent par ce moyen n'entrerait pas chez nous! Combien de propriétés ne seraient-elles pas arrachées à leur état d'immobilisation! Quel surcroît de mouvement la circulation générale n'en recevrait-elle pas! Combien l'agriculture n'y gagnerait-elle pas aussi, par l'importation et la comparaison de méthodes inconnues, qu'accréditerait parmi nous l'exemple de nouveaux propriétaires amenés par le hasard et les effets de cette Loterie, de toutes les parties de l'Europe, sur toutes celles de la France !

Quand on considère tous les avantages qui découleraient naturellement d'une pareille institution, on se demande comment il se peut qu'on n'y ait pas songé, surtout lorsque depuis long-temps les étrangers nous en ont donné l'exemple, et qu'ils l'exploitent chez nous et à notre détriment : cela ne vient sans doute que parce que, ainsi qu'il a déjà été dit, le Gouvernement ne peut ni songer à tout, ni faire tout en un jour, et parce que le temps est toujours nécessaire pour exécuter avec efficacité les choses les plus utiles.

D'ailleurs à l'égard de l'exécution de ce projet, il peut exister des obstacles et des inconvéniens que le Gouvernement seul peut connaître : s'il en est, ils sont difficiles à saisir et en ce cas il faudrait qu'ils fussent bien grands pour en balancer les avantages.

Si on trouvait de l'inconvénient à ce que ce serait un jeu de plus offert au public à qui on sait qu'il en faut, du moins devrait on convenir, que ce jeu serait si peu infecté de l'immoralité attachée en général à tous les jeux, qu'on pourrait presque le comparer à ceux qu'on appelle *jeux de commerce et de société.* Dirait-on que ce serait une sorte de contribution ? Oui ; mais du moins elle serait très-volontaire, et bien des gens pourraient même la trouver agréable, à raison des espérances qu'elle ferait naître, des projets éventuels auxquels elle donnerait lieu : souvent ces espérances et ces projets s'évanouiraient à la vérité dans un instant, et chacun n'en serait guère étonné, mais ils auraient été un aliment de conversation, et auraient occupé l'esprit assez long-temps pour que cette jouissance, toute éphémère qu'elle aurait été, dédommageât en quelque sorte de la petite somme qu'on aurait hasardée et perdue ; et l'on n'y aurait pas plus de regret qu'on n'en a après avoir dépensé cinq ou six fr. pour aller à l'Opéra, ou à tout autre spectacle.

Ainsi d'après les raisons qui viennent d'être exposées, les particuliers et l'État recueilleraient des avantages importans de l'exécution du projet présenté; mérite assez rare dans les changemens ou innovations que l'on propose, et qui pour l'ordinaire, s'ils sont profitables au fisc, le sont peu aux particuliers. Ici c'est bien différent.

En effet, accroître la valeur des propriétés, rendre mobilisables celles dont à raison de leur mauvais état la vente est la plus difficile, procurer ainsi un moyen de bien-être aux possesseurs de pareils biens, en augmenter beaucoup les produits : tels seraient pour les particuliers les heureux effets que l'on peut espérer de l'exécution de ce projet (3).

D'autre part, augmenter sans diminuer sensiblement ceux de la loterie actuelle, les produits de l'enregistrement par les ventes et mutations plus nombreuses des propriétés qui à tort ou à raison sont mal famées, attirer continuellement l'argent de l'étranger chez nous, diminuer la sortie du nôtre, donner un mouvement de plus à la circulation des capitaux, obtenir de la terre, et surtout des terres les plus ingrates, une plus grande quantité de preduits; tels sont les avantages principaux que l'État en devrait retirer.

Il reste à présent à présenter quelques idées relativement à l'exécution du projet... D'abord, l'administration de la loterie devrait être chargée de celle des biens-fonds, et aucune vente par cette voie, ne pourrait avoir lieu que par son entremise.

---

(3) L'augmentation des produits de la loterie actuelle, si elle est conservée, ou leur remplacement, si elle est abolie, n'a été que le but accessoire de ce projet. Le principal et le plus digne d'intérêt, a été de procurer à l'agriculture, à la propriété en général, et aux propriétaires des biens de troisième et quatrième classes en particulier, d'immenses avantages qui résulteraient infailliblement de son exécution.

On conçoit aisément combien de confiance inspirerait aux Français et aux étrangers, une pareille administration, qui serait chargée de faire vérifier les titres des propriétés, de faire évaluer les propriétés elles-mêmes, de faire vendre et distribuer les billets, d'en recevoir les fonds, et de ne s'en dessaisir que lorsque toutes les inscriptions hypothécaires seraient radiées, toutes les formalités remplies, et lorsqu'enfin le gagnant serait en réelle possession de la propriété gagnée.

Je pense que l'administration générale de la loterie, en considération des soins et du travail que nécessiteraient ces opérations, devrait être autorisée à percevoir et prélever sur les recettes quatre et demi pour cent en sus des frais et déboursés qu'elle aurait à faire pour l'évaluation des propriétés, pour les rétributions ou remises à allouer à ceux dont elle se servirait pour la vente et distribution des billets, et pour autres menus frais, tous lesquels objets j'évalue à 1 pour 100.

Ainsi, les droits et frais qu'aurait à supporter un bien-fonds mis en loterie, seraient :

1° Quatre et demi pour cent pour l'administration de la loterie ;

2° Un pour cent pour les frais et déboursés dont il est parlé ci-dessus ;

3° Six et demi pour cent pour les droits de l'enregistrement, ce qui ferait un total de douze pour cent qu'il faudrait ajouter au montant de la valeur réelle de l'immeuble mis en loterie ; valeur qui devrait être exacte et non imaginaire, comme l'est souvent celle de la plupart des objets que l'on vend par ce moyen, et qu'en ce cas on ne se fait guère scrupule de beaucoup exagérer, sans songer que c'est un coupable abus de confiance envers le public.

L'administration actuelle de la loterie pourrait faire exploiter cette nouvelle branche de revenu presque sans frais, et à l'aide de quelques employés de plus.

Quant à la distribution et à la vente des billets, elles devraient s'effectuer avec promptitude et succès, si outre la ressource des buralistes de la loterie actuelle, l'administration employait tous autres agens qui lui offriraient une garantie suffisante : une rétribution ou remise raisonnable qu'elle leur allouerait, et un mode qui sans l'exposer à aucun risque, permît à ces divers agens d'en placer chez l'étranger, en leur donnant dans ce cas double remise, produirait sans doute un placement de billets tel qu'on pourrait le désirer.

Une chose à examiner serait, si pour donner un intérêt de plus à cette loterie et accorder quelque chose au goût du public, il ne conviendrait pas d'affecter des primes à une quantité déterminée de lots ou numéros; et en ce cas tout ce qu'il y aurait à faire, serait d'ajouter à la valeur des biens mis en loterie, et aux douze pour cent pour les droits d'enregistrement, de la loterie et autres dont il a été déjà parlé, le montant des primes qu'on jugerait convenable de créer.

A l'égard des tirages, il y aurait aussi à examiner s'il vaudrait mieux en faire de particuliers pour les Loteries de biens-fonds, que de leur appliquer ceux de la loterie ordinaire; ce qui pourrait aisément se faire en créant des séries à chacun des quatre-vingt-dix numéros, et quelques bons réglemens à ce sujet, ainsi que pour l'époque de ces tirages et les autres objets nécessaires pour mettre en activité ce projet, ne seraient ni longs ni difficiles à faire.

Maintenant essayons en nous tenant en garde contre toute exagération, d'évaluer approximativement le revenu annuel et probable de cette nouvelle Loterie.

Serait-il étonnant que dans le cours d'une année, il s'opérât en terres et en maisons, dans chaque département, le fort compensant le faible, pour un million de ventes de cette nature? N'y aurait-il pas lieu au contraire d'être surpris qu'elles ne s'élevassent pas à une plus forte somme?

Sans doute elles pourraient bien, dans les départemens les moins peuplés et les plus pauvres, ne pas atteindre à un million; mais le déficit qui à cet égard pourrait exister, ne devrait-il pas être compensé et beaucoup au-delà, par l'excédent qu'on retrouverait dans les départemens les plus peuplés et les plus riches, tels que ceux auxquels appartiennent des villes comme Paris, Lyon, Bordeaux, Marseille, Rouen, etc.? Il semble qu'on ne saurait raisonnablement avoir des doutes à cet égard.

En comptant donc sur un million par département, ce serait 86 millions de ventes par année, qu'on pourrait espérer en sus des ventes par les voies ordinaires; ce qui procurerait à l'État un revenu de plus de 9 millions; et si ce surcroît de revenu, et un plus grand peut-être entrait dans les coffres publics, non seulement sans être nuisible ni pénible pour personne, mais en produisant aux particuliers et à l'État lui-même des avantages plus grands encore, on ne saurait trop désirer que le projet, dont on peut raisonnablement attendre de pareils résultats, fût mis promptement à exécution.

Au surplus, telles sont les vues et les idées de l'auteur, qui n'est plus propriétaire depuis la vente d'un bien qu'il avait dans le département de l'Hérault, n'ayant depuis aucun intérêt particulier à ce qu'elles soient accueillies. Leur utilité évidente est le seul motif qui l'a porté à les faire connaître. Si le gouvernement trouve des inconvéniens à les adopter, il doit au moins lui paraître juste et opportun de faire lever les interdictions qui empêchent les propriétaires d'avoir recours à la voie des loteries particulières pour vendre leurs biens; ce qui serait le seul moyen de réaliser sinon en totalité, du moins en grande partie, les avantages qu'aurait une Loterie d'immeubles exploitée et régie par l'administration de la loterie actuelle.

SUPPLÉMENT

AU PROJET D'UNE LOTERIE D'IMMEUBLES,

REMIS LE 12 AVRIL 1825 A M. LE MINISTRE DES FINANCES.

Dans le Mémoire remis à M. le Ministre des Finances, il a été dit que, d'après les nouveaux systêmes, c'était un bien de mobiliser les propriétés, sinon autant que possible, du moins jusqu'à concurrence de graves inconvéniens.

On pourrait craindre au premier coup d'œil, qu'une Loterie d'immeubles n'apportât *au principe de la conservation des biens dans les mêmes familles*, une altération qui, poussée trop loin, aurait de graves inconvéniens; mais loin d'altérer en rien ce principe, l'Établissement proposé lui prêterait au contraire une nouvelle force, et c'est ce qu'il faut démontrer.

En effet, quels en seraient à cet égard les résultats? D'abord, pour ce qui regarde les propriétés de première et de deuxième classes, il est constant que les propriétaires qui veulent les vendre ne sont embarrassés ni de trouver des acheteurs, ni un bon prix; or, ils ne devraient point en pareil cas, s'adresser à l'administration de cette Loterie, puisqu'elle ne leur serait d'aucune utilité.

Ainsi elle ne pourrait affaiblir aucunement le principe qui tend à conserver dans les mêmes mains les propriétés de cette espèce.

Prouvons à présent qu'à l'égard de celles médiocres ou mauvaises, ce principe est tout-à-fait stérile en bons résultats, et qu'il sortirait ses plus heureux effets par l'établissement proposé.

Quel est en effet l'état ordinaire de cette espèce de propriétés ? Ceux qui les possèdent ne peuvent y être attachés, puisqu'elles leur sont à charge; toujours prêts à les vendre, ils ne font rien pour les améliorer; ils n'en ont d'ailleurs pas les moyens. S'ils les louent, c'est à des fermiers qui dans leur classe, sont comme les propriétaires dans la leur, c'est à dire, fort peu aisés; d'où il suit que tous leurs efforts n'aboutissent qu'à procurer aux uns et aux autres une existence pénible, en un mot, le pain de chaque jour.

Cependant, ces terres déjà ingrates de leur nature, le deviennent toujours davantage par une succession de mauvaise culture, jusqu'à ce qu'étant tout-à-fait improductives, elles finissent par être abandonnées. Est-il désirable que de pareils biens où les propriétaires vivent malheureux, et qu'ils sont forcés de garder faute d'acheteurs, où dès-lors, ils se regardent avec d'autant plus de raison comme des serfs attachés à la glèbe, que les voyant indéfiniment condamnés à l'immobilisation, ils ne leur offrent que la triste perspective de les transmettre à leurs enfans avec les soucis et la misère qu'ils y ont trouvés eux-mêmes; est-il désirable, disons-nous, que de pareils biens restent dans les mêmes mains ? Ne rendrait-on pas, en en facilitant la vente à leurs propriétaires, un grand service qui profiterait également à la propriété en général et puis à l'État, puisque d'un côté il ne perçoit rien, s'il n'y a pas de mutations, surtout de celles qui sont à désirer dans l'intérêt de tous, et que de l'autre, il s'appauvrit de l'appauvrissement du sol ?

Eh bien ! ce service si utile aux particuliers et à l'État serait rendu et ne semble même pouvoir être rendu que par une Loterie de biens-fonds; car, seul il est capable de procurer sans cesse à l'espèce de propriétés dont on vient de parler, des propriétaires nouveaux qui indépendamment de l'ardeur naturelle à tout nouveau propriétaire pour améliorer, y seraient d'autant plus portés qu'elles ne leur auraient à peu près rien coûté; seul, il peut livrer ces propriétés à une sorte de circulation dont elles ont besoin, et qui en devenant de plus en plus profitable à l'État à mesure qu'elles changeraient de propriétaire, finirait par les élever à un degré de produit suffisant pour que les propriétaires y trouvent cette aisance et cette tranquillité qui seules attachent à la propriété, et qui font désirer au père de famille de la transmettre à ses enfans.

Or, mobiliser autant que possible, et jusqu'à ce qu'elles soient arrivées à ce degré de produit qui ôte l'envie de les vendre, les terres médiocres ou mauvaises, est politiquement et moralement une chose de la plus haute utilité, et l'établissement proposé, en opérant sur ces propriétés cette heureuse métamorphose, fortifierait beaucoup au lieu de l'altérer, le principe de la conservation des biens dans les mêmes familles.

Quelques personnes, effrayées du mot, et ne regardant pas de près à la chose, s'écrieront peut-être : « Quoi ! on pro-
» pose une loterie nouvelle, lorsque la loterie actuelle est »
» incessamment attaquée, qu'on semble toujours à la veille de
» l'abolir ! » A cela, la réponse est facile et même péremptoire.

La Loterie actuelle cause des maux réels, dont personne n'est tenté de disconvenir; et ceux qui en sont les défenseurs n'ont guère autre chose à dire pour elle, si ce n'est que son existence en évite de plus grands : et en effet, si la loterie actuelle cessait d'exister, quelques défenses que l'on pût faire elle serait aussitôt remplacée par des loteries clandestines qui seraient beaucoup plus dangereuses pour le public et dont le produit, au lieu de servir pour les charges de l'État, se disséminerait entre les entrepreneurs et les milliers d'agens secrets qu'ils auraient. Ainsi, ce n'est que pour éviter de plus grands maux, qu'on laisse exister encore la loterie actuelle, que tout le monde reconnaît être elle-même un mal.

Mais si au contraire l'établissement proposé, sans avoir aucun inconvénient ni causer aucun mal, produit de grands biens, faudrait-il qu'on y renonçât parce que le mot dont on l'appellerait serait un mot réprouvé? Ne vaudrait-il pas mieux s'empresser d'accueillir l'institution nouvelle qui, fondue dans l'ancienne et liée avec elle, aurait outre ses avantages particuliers, celui de protéger cette dernière et d'affaiblir la réprobation dont elle est frappée dans l'esprit des philanthropes les plus éclairés? En effet le bien pur et sans mélange d'aucun mal réel que produirait l'une, pourrait à leurs yeux compenser les inconvéniens reprochés à l'autre: celle-ci en serait mieux tolérée; et si néanmoins l'opinion publique exigeait sa suppression, elle pourrait être accordée sans diminuer les revenus de l'État, puisqu'on retrouverait les mêmes produits et peut-être de plus grands dans celle des biens-fonds.

Est-il vrai, dira-t on encore, que votre Loterie de biens-fonds soit aussi irréprochable que vous le prétendez, et ne pourra-t-on pas s'y ruiner aussi bien qu'à toute autre? Cela ne serait malheureusement pas impossible; mais quelle est l'institution utile dont on ne peut pas abuser et faire un instrument de ruine?

On conviendra du moins que ceux qui se ruineraient en jouant à la Loterie proposée devraient non-seulement former une très-faible exception, mais encore être tellement prédestinés à se ruiner, que pour cela ils ne sauraient manquer de chercher et trouver des occasions plus promptes que celles que leur offrirait une Loterie de biens-fonds ; et en effet cette loterie dans son essence et dans son organisation n'aurait rien qui pût exalter les têtes et enflammer assez la cupidité pour porter des gens raisonnables, et en général aisés, à y mettre des sommes supérieures à leurs facultés ; nous disons des gens en général aisés, parce qu'ils appartiendraient à peu près tous aux classes moyennes ou supérieures, puisque, ainsi qu'il a été déjà dit, le prix des billets serait assez élevé pour que les autres ne pussent y atteindre.

Ainsi la Loterie de biens-fonds serait loin d'avoir à cet égard les graves inconvéniens des Loteries ordinaires, où la cupidité pressée et impatiente regarde toujours comme prochain le moment d'être satisfaite, où sans cesse l'on croit toucher les faveurs que l'on attend de la fortune, où se renouvelle tous les jours l'espoir de passer dans un instant de la misère à l'opulence.

Les Loteries de biens-fonds ne promettant pas le bonheur sitôt, et les résultats des tirages se faisant attendre trois, quatre, et souvent même six mois, il s'ensuivrait de là qu'on ne s'y intéresserait qu'avec sang-froid et prudence, et bien rarement par un sentiment d'exaltation cupide, cause principale des malheurs qu'occasionnent les Loteries ordinaires.

L'abolition de la Loterie royale en Angleterre, annoncée comme très-prochaine, si même elle n'a déjà eu lieu, sera un autre argument qu'on ne manquera pas d'élever contre celle proposée, et comme il faut s'y attendre, surtout de la part de ceux qui ne manquent jamais d'être transportés d'une admiration réelle ou factice à chacun des actes du gouvernement anglais. Commençons par les réfuter.

Vous créez, dira-t-on, une nouvelle Loterie, lorsque nos voisins abolissent la leur ? C'est donc un parti pris que de reculer dans la civilisation à mesure qu'ils y avancent eux-mêmes.... A cela on peut répondre : Est-ce que notre situation politique, financière, commerciale, est la même? N'existe-t-il pas au contraire sous tous les rapports entre les deux nations, les différences les plus tranchantes? Cela étant incontestable, il l'est aussi qu'une mesure utile à l'une peut ne pas l'être en même temps à l'autre. Si en Angleterre la Loterie a des inconvéniens supérieurs à ses avantages, on fait bien de l'abolir; si en France c'est le contraire, on fait également bien en la conservant,

Du reste il est évident que les Loteries actuelles n'ont rien de commun que le nom avec celle proposée pour les biens-fonds; et les résultats des unes et de l'autre sont si différens, que les Anglais alors qu'il abolissent leur Loterie ordinaire, feraient bien d'en établir une pour les biens-fonds, qui, malgré que leur agriculture soit plus avancée que la nôtre, et que chez eux les propriétés aient généralement une plus grande valeur, leur serait encore avantageuse; car en Angleterre comme dans les autres pays, toutes les propriétés ne sont ni de première classe, ni arrivées à leur plus haut degré de produit; il y en a aussi de négligées, de médiocres, de mauvaises; et à l'égard de ces terres-là, une Loterie de biens-fonds ne pourrait avoir chez eux comme chez nous, et partout où elle serait établie, que les plus heureux effets.

Ainsi parce qu'une chose se fait en Angleterre, ce n'est pas une raison pour la faire en France, où nous devons mettre beaucoup de circonspection à imiter surtout les Anglais, dont plus d'une fois les exemples n'ont été à notre égard que des piéges; et si celui qu'ils nous donnent aujourd'hui en abolissant leur Loterie, ne mérite peut-être pas la méfiance avec laquelle nous devons recevoir tout ce qui nous vient d'eux, tout au moins n'a-t-il rien dont on puisse raisonnablement se prévaloir contre la Loterie proposée.

Cela sera clair pour tout le monde, excepté peut-être pour quelques personnes, qui soit par l'effet de préventions profondément enracinées, soit par d'autres motifs peut-être moins louables, semblent bien décidées, d'un côté à déprécier tout ce qui se fait chez nous, et de l'autre à porter aux nues les moindres opérations de nos voisins qui, comme on sait, ne sont pas nos meilleurs amis.

En effet, à les entendre, tout ce que fait le gouvernement anglais est le résultat de la politique la plus éclairée, de la raison la plus saine; tout chez eux est réfléchi et préparé long-temps d'avance; rien n'y est précipité. Ils ne font que ce qu'ils veulent et au moment où ils le veulent; les événemens ne les maîtrisent jamais. Se tromper en politique, en administration, etc., est chez eux une chose si rare, qu'il ne serait pas séant d'en parler (4).

Voilà pourtant ce que, dans le but sans doute de nous humilier plutôt que d'exciter notre émulation, écrivent tous les jours des plumes françaises, qui, si elles ne sont pas coupables de vénalité, comme il répugne de le croire, peuvent au moins en être suspectées.

Mais est-il bien vrai que le gouvernement anglais, toujours heureux, toujours habile dans ses combinaisons, ne fasse jamais le contraire de ce qu'il désire? Est-ce volontairement, par exemple, qu'on va prononcer l'émancipa-

---

(4) Les pertes qu'ont occasionnées aux Anglais leurs entreprises dans les nouveaux États de l'Amérique du Sud, prouvent néanmoins que leur gouvernement, qui les a tant encouragées, est sujet comme les autres à commettre de très-graves erreurs, à moins que dans cette circonstance il ne veuille regarder, comme un bénéfice encore plus grand que ces pertes, le mal qu'il a fait à l'Espagne.

tion des six à huit millions de catholiques qu'il y a dans les trois royaumes (5) ? Est-ce par bienveillance pour la France que le parlement d'Angleterre a tout d'un coup aussi considérablement diminué les droits sur nos vins et autres marchandises étrangéres ? N'était-on pas en Angleterre aussi instruit l'an passé, et bien avant sur ces questions, qu'on l'est aujourd'hui ? Les yeux y ont-ils été dessillés en un instant ?

Non, sans doute, et pour que le gouvernement de ce pays provoque ou ait provoqué d'aussi notables changemens, pour lesquels il avait eu de tout temps les plus fortes répugnances, il faut qu'il s'y trouve forcé, et que bon gré malgré il subisse à son tour les lois de la nécessité, qui semble devoir graduellement et bientôt le presser d'offrir d'autres concessions, tant dans l'intérêt des autres peuples que dans celui du peuple anglais lui-même.

Car, pour ce qui est du peuple anglais, comment croire que *John Bull*, qui, malgré toute la peine que l'on prend depuis long-temps pour lui persuader que la bierre est la meilleure boisson du monde, fait et avec raison un plus grand cas du vin, consentira à rester éternellement condamné à n'en goûter que comme médicament et pour cause de maladies, seul cas où, ainsi que le lui a dit très-explicitement un des ministres en plein Parlement, la cherté actuelle des droits, quoique beaucoup diminués depuis peu, puisse lui permettre les sacrifices nécessaires pour en acheter ?

Lorsque les progrès des lumières, fort retardés chez eux

---

(5) En 1825, époque ou ceci a été écrit, il était plus que jamais question de l'émancipation des catholiques, qui depuis a eu lieu

sur ce point, auront frappé les yeux du peuple anglais, il faudra bien que son gouvernement lui permette enfin, non seulement de boire, mais encore de s'enivrer, s'il le juge à propos, avec nos vins qui, même avec des droits de 25 pour 100 sur leur valeur, n'excéderaient pas dans les années ordinaires au-delà de quinze sols la pinte rendus à Londres, c'est-à-dire, à-peu-près comme à Paris: et on sent que je n'entends parler ici que des vins les plus communs et à l'usage du *John Bull* de Paris.

Pour ce qui est des autres peuples, dont l'union est si pénible au gouvernement anglais, comment leur refuser guère plus long-temps dans le commerce de l'univers, presque entièrement exploité à son profit, une part proportionnée à leur population et à leurs forces?

Il n'y a plus aujourd'hui à compter sur la possibilité de semer et entretenir la division parmi les puissances de l'Europe; leurs gouvernemens sont maintenant trop éclairés sur leurs véritables intérêts pour ne pas rester unis, et pour souffrir encore loug-temps que les Anglais, s'il faut les en croire, amis plus que les autres de toutes les libertés desquelles dérivent naturellement certaines égalités, affectent sur les mers ni ailleurs une domination, une prééminence que dans les temps où nous vivons, ne comportent plus ni leur population, trop faible comparativement à celle des grandes puissances, ni leur existence politique plus précaire que solide, ni leurs richesses plus apparentes que réelles.

Et en effet comment avoir foi en la réalité de ces richesses, sans se fonder sur ce principe, que plus on doit, plus on est riche? Et comment se fonder sur un principe aussi extravagant, sans abnégation préalable du sens commun? Quoi! on prétendra nous persuader que le gouvernement anglais est riche et le plus riche de tous, lorsqu'il avoue une dette d'au moins vingt-deux milliards, au remboursement desquels tout le sol et toutes les richesses mobiliaires de l'Angleterre auraient peine à suffire ! Et nous, pour quatre milliards que nous devons, nous nous croirons pauvres auprès d'eux, avec un sol dont le revenu annuel pour l'Etat, joint à ses autres ressources ordinaires, aurait dans quelques années facilement absorbé le capital de cette dette !

Penser ainsi, c'est ne rendre justice ni aux uns ni aux autres (6). Convenons qu'on nous a éblouis et que notre bonhomie s'y est singulièrement prêtée; mais il serait temps, sans toutefois passer d'un excès à un autre, de cesser de voir des géans dans les autres et des pygmées dans nous-mêmes, ne serait-ce que pour suivre la marche du siècle, que nos voisins ont cru ne seconder qu'à leur profit, et qui profitera inévitablement à tous, dans les proportions aux quelles chacun peut raisonnablement prétendre.

Les progrès des sciences y auront beaucoup contribué en donnant naissance à une invention qui, par les résultats qu'elle doit avoir, sera une des plus remarquables de l'époque actuelle; c'est celle des bateaux à vapeur dont je veux parler, et dont au reste l'idée première est due à un Français, à qui, en conscience, les Anglais ne peuvent pas en avoir une grande obligation; car elle affaiblit beau-

---

(6) La nécessité de déporter hors de l'Angleterre un million d'individus, à qui on n'a bientôt plus ni travail ni pain à donner, sans être bien assuré que cette terrible mesure lui procure un soulagement sensible, et la déclaration faite par M. Peel au parlement, qu'en 1827 il s'est commis en Angleterre cinq fois plus de crimes qu'il ne s'en commettait il y a six ans, doivent suffire pour achever de convaincre les Français surtout, que la prospérité de l'Angleterre, qu'on ne cesse de vanter, n'est guère digne d'envie, et que celle dont jouit la France a bien plus de réalité et de solidité.

coup cette position insulaire, dont ils ont si souvent abusé et équivaut presque pour eux à un accident qui aurait mis à sec le bras de mer qui les sépare du continent (7).

En effet, il est impossible qu'avec une pareille invention, que la rapidité avec laquelle tout marche aujourd'hui, aura bientôt rendue usuelle sur tout le globe, les Anglais, vulnérables en tant d'endroits, restent long-temps sans être attaqués ou menacés sur cent points divers, par quelques-uns des peuples qu'ils tiennent sous leur joug et que les 80 millions de sujets qu'ils comptent dans les diverses parties du monde, puissent être encore long-temps contenus par une population relativement aussi faible que la leur, et ne pas échapper enfin à une domination qu'ils ne sauraient aimer.

Et sans parler, ce qui mènerait trop loin, des moyens d'attaque plus ou moins efficaces que cette découverte donne contre eux à presque toutes les nations européennes, arrêtons-nous un moment sur ceux qu'elle fournit à la France en particulier.

Dans cinq ou six heures, avec comme sans le vent, sans presque d'autres munitions pour chaque soldat qu'un fusil et un sabre, quatre ou cinq matelots suffisent pour conduire des côtes de France à celles d'Angleterre, chargé de 400 hommes, un bâtiment qui, en choisissant un temps convenable au moment du départ, n'aurait rien ou que très-peu à craindre des vaisseaux de guerre. A présent, si l'on considère que de pareils transports pour cinquante mille

---

(7) Pendant la discussion du budget, en juillet 1829, il fut lancé de la tribune sur cette matière, les paroles les plus remarquables et qui ont rapporté leurs fruits, par MM. de Berbis, Ch. Dupin, Bertin de Vaux, Chevrier de Corcelles, Viennet, de Sesmaisons et surtout par MM. Dupin aîné, le général Lamarque et Benjamin Constant.

hommes ne coûteraient guère plus de vingt millions, on jugera combien il serait aisé à la France de tenir l'Angleterre dans de continuelles et ruineuses alarmes.

Ces réflexions et beaucoup d'autres que peuvent faire naître l'invention et l'usage possible des bâtimens à vapeur, doivent apprendre au gouvernement anglais que le moment de réduire ses prétentions et de respecter les droits des autres est arrivé, et puisqu'il est en train d'émanciper, d'émanciper aussi le monde de cette suprématie maritime qu'on a long-temps supportée sans la reconnaître, et à l'égard de laquelle on est disposé aujourd'hui à ne faire ni l'un ni l'autre.

Si, à ce qu'à Dieu ne plaise, une guerre venait à éclater entre l'Angleterre et plusieurs puissances continentales, serait-il déraisonnable de penser que non pas même une attaque combinée et sérieuse, mais la menace seule suffirait pour lui causer des maux sans remède? Mais espérons que nous ne verrons pas de long-temps un pareil spectacle, que les gouvernemens continueront à s'entendre pour la plus grande tranquillité des peuples, et que chacun fera pour cela tous les sacrifices que pourront exiger la raison et la justice,

En attendant, gardons-nous, quoi qu'en disent journellement des apologistes bénévoles ou salariés, d'avoir une admiration et une confiance aveugle dans ces principes de philanthropie, de morale et d'humanité, dont les plus beaux modèles sont, dit-on, en Angleterre, et qui dans le fait sont mieux pratiqués parmi nous; les apparences à cet égard y surpassent de beaucoup la réalité.

Et comment en serait-il autrement dans un pays où un principe, qui, assurément n'est ni le plus moral, ni le plus noble, domine tous les autres, celui des intérêts matériels et pécuniaires ? Et comme si de tout temps les faits n'avaient pas rendu assez bon témoignage à ce sujet, certains ministres anglais ne profitent-ils pas, ne cherchent-ils pas même toutes les occasions de proclamer ce principe, à l'aide duquel ils semblent vouloir exciter et nourrir dans leur nation un enthousiasme de cupidité, et une fièvre d'argent dont ils croient sans doute qu'elle ne peut se passer ?

N'est-on pas, d'après cela, autorisé à penser que les principales conditions d'existence du gouvernement anglais, sont de s'enrichir lui-même, d'appauvrir les autres, de porter chez eux, pour mieux arriver à ce but, la discorde et la division; d'y semer ou entretenir les désordres qui en sont la suite; de sourire aux factions, qui, chez d'autres peuples montrent de la disposition aux changemens et aux bouleversemens; leur faire ainsi la guerre en pleine paix, et c'est ce qui lui a toujours été reproché plus qu'à tout autre, et dernièrement encore par le ministre ottoman à l'occasion des Grecs..... Ce système peut être plus utile qu'un autre; mais on avouera qu'il n'est ni très philanthropique, ni très moral, ni très humain.

Pour nous, en nous félicitant d'exister à de meilleures conditions, espérons que le gouvernement anglais, que quelques actes récens peuvent faire soupçonner d'en avoir le louable projet, épurera un peu sa politique à l'égard des autres nations; et qu'au lieu de les entretenir, il tâchera de détruire dans la sienne les préjugés qui pourraient nuire à la bienveillance réciproque, qu'il serait si désirable de voir régner parmi les peuples....

On peut croire qu'il y a en Angleterre tendance à cela, en voyant l'aveu loyal, qu'à l'égard de l'affaire de l'émancipation des catholiques, ont fait de leurs préventions ou de leurs erreurs, plusieurs membres distingués du parlement.

Espérons qu'en n'en restera pas là, et (s'il est permis de mêler à des idées sérieuses, une qui l'est bien moins) espérons, dis-je, que nous verrons même un de leurs journaux, *The Courrier*, convenir de l'erreur ou du vertige, qui dernièrement, lui a fait comparer les ambassadeurs des puissances de l'Europe, assemblés et délibérant ensemble, sans la présence de l'ambassadeur anglais, à une réunion d'écoliers, prenant un jour de congé sans la permission du maître; idée qui du reste n'est qu'une paraphrase aussi indécente que peu heureuse, de celle qui faisait dire au roi de Prusse, à l'égard de la France, que s'il en était roi, *il ne serait pas tiré un coup de canon en Europe sans sa permission.*

Ce n'était pas un Français qui disait cela de son pays, c'était un étranger, de plus un grand homme. En comparant, si toutefois *licet magna componere parvis*, les paroles du grand Frédéric à celles du journaliste anglais, qui d'ailleurs a trop d'esprit pour être soupçonné d'avoir voulu faire autre chose qu'une facétie, on conviendra qu'on ne risquerait rien de le défier d'en imaginer une plus pitoyable et plus ridicule.

Du reste, quoique nous ne soyons pas dans une dépendance aussi absolue de nos intérêts matériels, que le sont les Anglais, je n'entends pas dire qu'il faille les négliger; nous devons, au contraire, nous en occuper sans cesse, mais reconnaître, par dessus tout, ces principes et ces sentimens d'honneur qui furent en tout temps la base de notre caractère national; caractère qui, si j'ose parler ainsi, est le produit combiné de notre sol, de notre climat et du vieux sang français qui coule dans nos veines, que trente ans d'une révolution où l'on a tout tenté pour le détruire, n'ont pas même altéré, qui reparaît toujours le même, qu'on retrouvera toujours au besoin, et qui ne craindra jamais ni les citadelles de pierre, ni les citadelles de bois.

Pour me résumer en terminant cette digression sans doute trop longue, et qui me sera aisément pardonnée en considération du sentiment qui l'a dictée, je répéterai que nous ne devons adopter qu'avec beaucoup de circonspection les exemples d'autrui et surtout ceux des Anglais, et que celui qu'ils nous donnent aujourd'hui en abolissant leur loterie, si on l'alléguait, ne prouverait rien contre notre loterie actuelle, à plus forte raison contre celle proposée, laquelle n'a rien de commun ni avec l'une ni avec l'autre.

En finissant, disons un mot au sujet de la crainte qu'on pourrait avoir, que d'un côté les propriétaires fussent peu portés à avoir recours à la loterie d'immeubles pour la vente de leurs biens, et que de l'autre s'ils y avaient recours, l'administration de cette loterie ne trouvât pas facilement à placer les billets qui devraient être faits en ce cas. Quant aux propriétaires, surtout ceux des classes dont il a été question, ils ne sauraient méconnaître que l'institution proposée a été créée principalement pour eux, et ils seraient inévitablement conduits à y recourir par leur intérêt, leur commodité et la satisfaction de voir sans soucis ni embarras se consommer à leur profit une opération dont ils ne seraient venus à bout eux-mêmes qu'avec beaucoup de peine et moins d'avantage, et dans laquelle ils auraient souvent échoué....

A l'égard de la vente des billets, pour être convaincu qu'elle serait prompte et facile, il suffit de considérer les moyens que l'administration aurait pour cela. En effet que de placemens ne devraient pas être faits, si on les confiait à la fois aux buralistes actuels de la Loterie et aux autres agens déjà désignés !

D'après ces considérations il ne serait pas raisonnable de supposer que l'administration serait peu occupée de pareilles ventes, et qu'on aurait recours rarement à elle ; et au surplus quand cette supposition viendrait à se réaliser, quel mal en arriverait-il? L'État n'y perdrait rien, puis qu'il n'aurait fait aucune avance, pas même aucun frais d'établissement; et à l'égard des particuliers, ce serait toujours un bien pour eux que la ressource de vendre leurs biens par la voie de la loterie leur restât constamment ouverte.

Ainsi des avantages majeurs à espérer, pas le moindre préjudice à craindre, tels seraient en définitive les résultats d'une institution qui mérite d'autant mieux d'être accueillie, qu'elle ne serait autre chose qu'un de ces impôts insensibles contre lequel personne ne s'élèverait et dont le produit serait une de ces ressources que l'avenir peut rendre nécessaires et qui sont toujours onéreuses, lorsqu'on attend pour les chercher le moment du besoin.

(Le projet de Loterie fut adressé le 24 avril 1825 par l'auteur à M. le ministre des finances, et le présent supplément le 14 mai de la même année.)

RÉPONSE

AUX OBJECTIONS CONTENUES DANS L'ARTICLE RELATIF AU PROJET

D'UNE LOTERIE D'IMMEUBLES,

Inséré au Bulletin universel des Sciences et de l'Industrie du mois de novembre 1829 (section d'économie publique).

PREMIÈRE OBJECTION.

« *On aurait désiré, de la part de l'auteur, que multipliant*
» *les chiffres, il donnât les produits connus de la Loterie*
» *pendant dix ans, les frais, les augmentations ou diminu-*
» *tions dans ces produits, les causes qu'on leur assigne, et*
» *qu'il présentât, avec les plus petits détails, les produits*
» *présumés de la nouvelle Loterie, etc.* »

RÉPONSE.

Si l'auteur du projet eût prétendu qu'il fallait supprimer la Loterie actuelle, sans doute ces détails eussent été nécessaires pour prouver que les produits en seraient remplacés par ceux de la Loterie d'immeubles; mais il n'a pas eu cette prétention : sans s'occuper de la question du maintien ou de l'abolition de la Loterie actuelle, il s'est borné à démontrer que, si on la maintenait, elle pourrait co-exister avec celle d'immeubles; et comme les produits de celle-ci seraient puisés à une source toute différente, mais plus riche, il a dû penser que si, dès la première année, ils n'égalaient pas ceux de la Loterie actuelle, dans le cas où toutes les deux seraient en même temps en activité, ils auraient du moins une importance assez grande pour ne devoir pas être dédaignés.

Quant aux produits présumés de la Loterie nouvelle, on n'aurait raison à cet égard d'exiger des détails, que s'ils pouvaient amener à une évaluation vraisemblable : en serait-il ainsi, si entrant dans de minutieux calculs et prenant un à un chaque département, on fesait un état des ventes qu'on supposerait pouvoir s'effectuer annuellement dans chacun ? Pourrait-on donner à un pareil travail une base raisonnable ? Non sans doute; car, comment établir que dans tel département on vendra dans le cours d'une année pour un million de biens-fonds, pour deux, dans tel autre. etc.; et cela, par le moyen d'une Loterie, qui n'a chez nous aucun précédent, et dont on fait actuellement l'essai ? Un pareil travail, qui ne pourrait même pas être satisfaisant, quand on connaîtrait l'intention de tous les propriétaires du royaume d'user ou de ne pas user de ce nouveau moyen de vendre leurs biens, paraîtrait oiseux à tout le monde, n'obtiendrait la confiance de personne, et ne ferait que donner lieu à des controverses sans fin, dont l'effet probable serait d'embrouiller une question fort simple et de faire renoncer peut-être à sa solution.

En pareil cas, que pouvait-on de mieux que de présenter ainsi qu'on l'a fait, une base d'évaluation tellement modérée, que chacun eût d'abord senti que le résultat devait, non-seulement y atteindre, mais aller même au-delà ? En effet si, dans Paris seul, la somme totale des ventes d'immeubles excède annuellement, comme on le sait bien, le chiffre de soixante millions, comment douter que dans toute la

France, celui des ventes qui pourraient avoir lieu dans une année par la Loterie d'immeubles, n'atteignît les quatre-vingt-six millions auxquels on les a évaluées; si l'on considère surtout qu'un meilleur parti que les propriétaires des biens médiocres en tireraient par cette voie, devrait les engager à la préférer à tout autre?

DEUXIÈME OBJECTION.

« *On ne nous dit pas, d'après des relevés faits dans chaque* » *département sur l'importance des biens, dont la vente ne* » *peut s'effectuer par les modes ordinaires, le produit auquel* » *approximativement on arriverait les premières années; on* » *se borne à dire: il y aura, année commune dans les caisses* » *de l'Etat, neuf millions; mais il faut ajouter que la Loterie* » *donne de onze à douze millions.* »

RÉPONSE.

D'abord il n'a pas été prétendu qu'il existât des biens dont la vente ne pût s'effectuer par les modes ordinaires, mais seulement que la Loterie d'immeubles, par les motifs exposés dans le projet, rendrait plus prompte et plus avantageuse la vente de ceux dont à tort ou à raison on a la plus mauvaise opiniou.

Quant à l'évaluation approximative du produit des premières années, la réponse à la première objection s'applique également à celle-ci; j'ajouterai seulement que, par les raisons qui y sont aussi déduites, ce produit ne pourrait être que considérable; mais ne serait-il que de neuf millions et même moindre, il profiterait plus à l'État que les environ onze millions qu'il retire de la Loterie actuelle, produit qu'il n'obtient qu'après en avoir pompé cinquante-cinq à peu près dans les poches des malheureux principalement, dont elle augmente de plus en plus le nombre : et si, malgré que la possibilité de la co-existence des deux Loteries soit évidente, le Gouvernement, ainsi que cela serait à désirer, n'en voulait adopter qu'une, il devrait préférer à la Loterie actuelle, que personne n'ignore être une cause incessante de malheurs et de crimes, celle d'immeubles; car celle-ci, repoussant d'abord le denier du pauvre, loin de semer de ces poisons qui ruinent ou qui tuent, ne porte en elle que des germes de fécondité et de vie, et elle est surtout précieuse à la nombreuse population qui ne vit que de son travail, puisque l'un de ses résultats les plus directs serait d'accroître beaucoup les travaux champêtres et les produits du sol.

TROISIÈME OBJECTION.

« *Le nombre des propriétés est borné ; celui des billets ne*
» *l'est pas. On ne pourrait espérer sur les ventes ordinaires*
» *les mêmes recettes pour droits de mutations, etc.* »

RÉPONSE.

Ce n'est point le nombre des propriétés qui pourrait être borné, mais bien celui des billets, dont il ne serait jamais émis que pour la valeur exacte de chacune des propriétés mises en vente..... Quant aux propriétés, le nombre n'en saurait être limité, puisque dans un an la même peut être revendue plusieurs fois.

Celles gagnées à la Loterie seraient plus particulièrement dans ce cas, parce que tous les gagnans ne sauraient pas ou ne voudraient pas les exploiter eux-mêmes; beaucoup les revendraient, ou par la même voie qui les leur aurait données, ou plus souvent par les modes de vente ordinaires, qui étant plus expéditifs, leur conviendraient sans doute davantage...... Il est même probable que, pour en réaliser plutôt la valeur et jouir plus vîte du capital qu'elles mettraient en leurs mains, ils feraient quelques sacrifices sur des biens qui ne leur auraient rien coûté.

Ainsi les mutations et ventes à l'amiable seraient beaucoup plus nombreuses; delà il s'ensuivrait que le fisc retrouverait à peu de chose près ses recettes ordinaires, et qu'en sus il aurait celles de la Loterie nouvelle qui pourrait d'autant mieux égaler celles de la Loterie actuelle, que, dans son rapport fait le 19 août à la chambre des députés, M. le Ministre des finances a dit, que les produits de cette dernière allaient toujours en diminuant; ainsi au lieu d'exiger du gouvernement le sacrifice d'une perception, comme on a paru le croire, c'est au contraire une perception nouvelle qui lui est offerte.

Au surplus, quelque diminution qu'il y eût sur les produits de la Loterie actuelle, loin que ce fût un dommage pour l'État, il y aurait au contraire bénéfice, puisque chaque vente opérée par la Loterie d'immeubles, rendrait de deux à deux et demi pour cent de plus que celles par les modes seuls usités jusques à présent, ainsi que cela est démontré dans le projet.

QUATRIÈME OBJECTION.

« *De deux choses l'une, ou le projet proposé sera accueilli,*
» *ou l'opinion publique le rejettera. Dans ce dernier cas, que*
» *d'intérêts sont compromis! Dans l'autre, en multipliant les*
» *ventes par la voie de la Loterie, vous diminuez le nombre*
» *des ventes ordinaires; c'est une conséquence qui ne semble*
» *nullement forcée.* »

RÉPONSE.

La conséquence que l'on tire de la diminution du nombre

et du produit des ventes ordinaires, diminution attribuée à celles qui auraient lieu par la Loterie d'immeubles, ne semble nullement forcée ; néanmoins elle n'est pas juste, et la raison en est dans ce qu'une propriété gagnée à la Loterie peut, en peu de temps, être vendue et revendue plusieurs fois par le mode ordinaire; il est même de la nature de ces propriétés, qui n'auront rien coûté à leurs propriétaires de subir en général plusieurs mutations, parce qu'elles seront et pourront être données à meilleur marché que les autres, et que rien ne multiplie les affaires, de quelque genre qu'elles soient, comme le bon marché.

Si l'opinion publique, objecte-t-on, rejetait ce projet, que d'intérêts seraient compromis ! Comment l'opinion publique, s'il est vrai qu'elle soit aujourd'hui plus éclairée que jamais, rejetterait-elle une Loterie qui, n'ayant aucun des dangers de celle qui existe, produirait des avantages d'un ordre aussi élevé? Mais, quand même on s'obstinerait à méconnaître ces avantages, elle serait accueillie encore, et, pour en être certain, il suffit de considérer le goût du public pour de pareilles Loteries, goût irrésistible qui depuis long-temps est un fait constaté, et qu'à notre grand détriment, chaque jour, chaque moment, constate et confirme encore davantage; car, qui ignore qu'un grand nombre d'individus appartenant exclusivement aux classes riches, aisées ou moyennes, s'intéressent journellement aux Loteries étrangères; habitude anti-patriotique qui occasionne une grande et continuelle déperdition de notre numéraire?

Si, pour satisfaire leur goût à cet égard, ces individus trouvaient chez nous un établissement de ce genre, ils n'enverraient pas leur argent en Allemagne, ou ne le remettraient pas aux agens nombreux, qu'ont dans toute la

France plusieurs banquiers de Francfort, malheureusement aidés, dans cette œuvre funeste à nos intérêts nationaux, par des journalistes, qui sans songer au dommage qu'ils portent à leur pays, annoncent dans leurs feuilles les ventes de terres dans l'étranger; ce qui procure aux Loteries étrangères qui s'occupent de ces ventes un plus grand nombre d'intéressés. La création d'une Loterie d'immeubles en France, empêcherait non-seulement notre or d'aller à l'étranger, mais elle attirerait au contraire l'or étranger chez nous; ainsi, nous cesserions d'être, d'une manière aussi bénévole, pour ne pas dire aussi niaise, les tributaires de l'étranger, qui dès cet instant même, deviendrait le nôtre. Pour en douter, il faudrait supposer contre toute vérité, que notre France a moins d'attrait pour les étrangers que nous n'en avons nous-mêmes pour leur pays.

Si ce projet, dit-on, était rejeté, que d'intérêts compromis! Entend-on parler des billets en émission, dans le cas où on n'aurait pas trouvé des preneurs pour la totalité de ceux qu'aurait exigés le montant d'un immeuble mis en loterie? En ce cas, la réponse est facile..... Si au bout d'un terme fixé, soit six mois, soit un an, tous les billets n'étaient pas vendus, on rembourserait alors leurs mises, à ceux qui ne voudraient pas attendre plus long-temps; ainsi personne n'aurait à craindre la moindre perte, puisque les sommes provenant du placement des billets seraient déposées dans une des caisses du gouvernement. Après cela, on ne voit pas quels autres intérêts pourraient être compromis.

CINQUIÈME OBJECTION.

« *Les avoués, notaires, qui se mêlent de vendre, soit que* » *la loi leur en réserve ou leur en refuse le monopole, tous* » *les hommes enfin qui y ont un intérêt personnel, combat-* » *tront le projet.* »

RÉPONSE,

D'abord, les notaires loin d'y perdre y gagneraient, puisque chaque vente, et le nombre en serait beaucoup augmenté par la Loterie d'immeubles, exigerait un acte ou contrat de vente au profit de chacun des gagnans.

Quant aux avoués et autres, qui s'occupent de ces sortes d'affaires, s'ils y perdaient quelque chose, ce serait fort peu, surtout s'ils se rendaient les agens de la Loterie, et s'ils gagnaient ainsi une partie des primes qu'elle allouerait à ceux qui procureraient le placement des billets; et puis cette considération, dont le critique sent et avoue d'avance la faiblesse, ne devrait point empêcher l'adoption du projet.

En effet où en serions nous si, par des motifs pareils, on repoussait des vues grandement et généralement utiles ? Qui ne sait que le moindre changement, la plus petite innovation, préjudicie toujours à quelqu'un? Lorsqu'on en fait, on doit tâcher sans doute de diminuer autant que possible le mal qui peut en résulter pour les individus. Mais doit-on hésiter, lorsqu'évidemment leur effet est de procurer une grande amélioration générale ?

Et quelle amélioration plus générale et plus désirable que celle d'où dériveraient les moyens :

1° D'arrêter la sortie journalière de notre numéraire ;

2° D'attirer chez nous celui de l'étranger ;

3° De remplacer le produit de la Loterie actuelle, qui heureusement se meurt, ainsi que l'a annoncé récemment M. le Ministre des finances ;

4° De donner, en attendant son extinction naturelle, qui peut se faire encore long-temps attendre, un revenu de plus à l'État, chose précieuse en tout temps, mais plus encore quand il y a, comme aujourd'hui, déficit dans les recettes;

5° De donner une vive impulsion à l'agriculture, et particulièrement à l'espèce de propriété pour la vente desquelles on aurait recours à la Loterie;

6° D'accroître ainsi la valeur du sol qui en a le moins:

7° De faire jaillir de cette partie du sol, presque improductive, de nouveaux et abondans produits;

8° De procurer enfin aux classes pauvres un soulagement réel et permanent, en multipliant par-là graduellement, jusqu'à l'infini, les travaux de la terre?

En considérant de tels avantages, qu'on n'a pas le droit de nier, sans prouver d'abord (ce qui reste encore à faire), qu'ils ne résident pas dans la Loterie proposée, comment craindre que la question de son établissement, présentée dans toute sa simplicité, et surtout avec bonne foi, ne soit bien accueillie du public? Le doute, à cet égard, semble n'être pas permis.

On ne saurait donc trop désirer qu'un semblable établissement soit bientôt créé et mis en activité, et que pour inspirer d'abord toute la confiance nécessaire à son plus grand développement et à son plus grand succès, il fût exploité et administré par le gouvernement, ou sous sa direction et surveillance, par une régie intéressée; et si le gouvernement croyait devoir repousser pour son compte une Loterie d'immeubles, il y aurait encore une chose très-aisée à faire, pour réaliser, du moins en grande partie au profit de la France, les avantages de cette Loterie.

Ce serait de rendre aux particuliers la faculté de vendre, quand ils le voudraient, leurs biens par cette voie, faculté qui leur est interdite par les lois encore existantes sur le fait de la Loterie actuelle, et desquelles il ne serait besoin que d'abroger deux ou trois articles..... Cette interdiction, qui était une anomalie, même sous la précédente charte, en est une bien plus grande sous celle qui nous régit aujourd'hui, dont une de ses plus faciles et plus fécondes conséquences doit être de les faire cesser; car il serait par trop choquant et inconséquent que, dans un pays de liberté comme le nôtre, un propriétaire ne pût pas disposer de son bien par la voie de la Loterie, tandis qu'à notre grand détriment (ne nous lassons pas de le dire), on a cette faculté en Allemagne, et autres pays soumis à l'arbitraire. Si les choses continuaient ainsi, il serait vrai, à cet égard du moins, de dire qu'il est des gouvernemens despotiques où l'on a plus de liberté que sous des gouvernemens libres. Tout bon Français doit, ce me semble, désirer que de pareils rapprochemens n'aient jamais de la vérité chez nous.

Telle est la réponse aux objections faites; si elle est jugée satisfaisante, il ne resterait plus qu'à exposer les moyens d'exécution, et c'est sans doute ce que le critique a eu principalement en vue, en invitant l'auteur du projet à compléter son travail..... A cet égard, il suffira sans doute de rappeler, que les Loteries d'immeubles existent depuis long-temps en Allemagne; que la manière dont elles y sont exploitées est connue, et qu'il n'y aurait qu'à les imiter, sauf à modifier ce qui dans notre intérêt mériterait de l'être.

Ainsi, point de difficulté pour la mise à exécution, et il serait assez tôt de s'occuper des détails à ce sujet, lorsque le gouvernement ayant adopté le projet, en ferait élaborer l'organisation dans ses bureaux ou par une commission.

Le critique, que l'auteur du projet remercie d'avoir bien voulu en rendre compte, et du ton de bienveillance qu'il a mis dans cet examen, a reconnu l'importance de la question qui y est soulevée, et son opinion, à cet égard, est, on peut l'affirmer, partagée par toutes les personnes graves et réfléchies qui ont lu et médité le projet, contre lequel du reste il n'a été élevé d'objections sérieuses que celles auxquelles il vient d'être répondu; non qu'il n'en ait été fait d'autres, mais d'une telle insignifiance, qu'elles se réfutaient d'elles-mêmes.

Et en effet, est-il besoin de réfuter ceux qui appelleront *utopie*, un fait depuis long-temps accompli en divers pays, un acte qui en Allemagne principalement se renouvelle tous les jours, et, répétons-le encore une fois, à notre détriment?

Que répondre à d'autres, qui vous diront sentencieusement, et sans vouloir sortir de là : *Toute Loterie est immorale*! Comme s'il pouvait y avoir rien de plus moral et de plus populaire qu'une Loterie qui ne produit que du bien, entr'autres celui d'augmenter de jour en jour la masse des travaux de la campagne, au profit des ouvriers qui, comme on le sait bien, n'en trouvent pas toujours !

C'est inopportun ! s'écrient d'autres. Quoi ! il serait inopportun, dans un moment où il y a déficit dans les recettes, d'offrir à l'État un revenu nouveau, qui loin d'exciter aucune plainte, serait reçu avec plaisir par tout le monde, en raison surtout des autres et plus grands avantages qui sortiraient de la même source où serait puisé ce revenu !

Enfin, *n'en est-il pas à qui il paraît qu'il faudrait bouleverser toute la législation* ?.,... Comme s'il s'agissait de quelque chose de plus que d'abroger, en deux lignes, les deux ou trois articles des lois sur la Loterie royale, qui interdisent l'établissement de toute autre, et de rendre aux propriétaires la faculté de vendre à leur gré leurs biens par cette voie; faculté dont ils sont privés dans notre pays, que nous disons libre, et dont on jouit dans d'autres, soumis au régime arbitraire.

Au surplus, il est aisé de reconnaitre que de pareilles objections ne peuvent venir que de personnes qui, ne voulant pas se donner la peine d'examiner le projet, le condamnent sur le titre, ou d'autres qui le jugent sans avoir les notions nécessaires; ou d'autres enfin qui, quelqu'utile à l'État que soit une chose, la trouveront mauvaise, pour peu qu'à tort ou à raison ils puissent craindre que son exécution affecterait le moindrement du monde leurs intérêts particuliers, ceux de leurs familles et même de leurs amis.

Avant de terminer cette discussion, l'auteur du projet, qui, loin d'éluder, a toujours, au contraire, recherché avec bonne foi pour y répliquer, s'il y avait lieu, tout ce qui pourrait en donner une idée fausse ou inexacte, croit devoir être le premier à convenir, qu'il n'aurait pas répondu à toutes les objections venues à sa connaissance, s'il se taisait sur celle qui, en apparence et pour ceux qui ne regarderaient pas la chose de près, pourrait passer pour la plus forte de toutes.

C'est donc une nécessité pour lui de dissimuler d'autant moins, qu'ayant fait de ce projet la matière d'une pétition à la Chambre des députés à qui elle fut rapportée en mars 1829, l'accueil qu'elle y reçut malgré ce que le rapporteur put dire de flatteur pour le pétitionnaire qu'il voulut bien appeler un homme de bien, animé d'idées honorables, a pu laisser des impressions défavorables dans l'esprit de ceux qui ont lu dans le *Moniteur* du 29 mars de la même année, le rapport qui en fut fait, Or, pour détruire cette impression, plus fâcheuse que la plus sérieuse des objections, il ne peut aujourd'hui s'empêcher de dire quelques mots sur ce qui eut lieu à ce sujet.

La pétition ayant été présentée, le pétitionnaire fut quelque temps après à la commission des pétitions, où il retourna plusieurs fois pour demander le nom de celui de ses membres qui s'était chargé de l'examiner, afin d'aller lui communiquer bien des documens propres à éclairer sa religion. N'ayant point réussi à le savoir, il avait dès-lors cessé toute démarche, lorsqu'un député de sa connaissance à qui il demanda des nouvelles de sa pétition, lui apprit qu'elle était inscrite au bulletin pour être incessamment rapportée, et que le rapporteur était M. Boulard, chez qui le pétitionnaire se présenta de suite; il lui fut dit d'abord que la commission s'en était déjà occupée et avait délibéré l'ordre du jour, d'après les difficultés d'exécution qu'elle avait aperçues dans le projet proposé, et que d'ailleurs la Chambre prêtait peu d'attention aux nombreuses pétitions qu'on lui présentait ayant pour objet des intérêts généraux, et surtout lorsqu'elles pouvaient contrarier le gouvernement, qui au surplus, dans ce moment s'occupait de quelques modifications sur la Loterie. — Néanmoins, M. Boulard voulut bien non-seulement entendre quelques détails, mais accorder même pour le lendemain un second entretien, à la suite duquel il parut assez convaincu de l'utilité des vues proposées, pour faire espérer au pétitionnaire qu'il tâcherait de faire revenir la commission de sa délibération. Il ne put sans doute y réussir, puisque l'ordre du jour, d'abord arrêté, fut par lui proposé et adopté par la Chambre, à qui il fut exposé pour tout motif : « *Que la commission n'avait pu penser que les moyens proposés par le pétitionnaire pussent attendre le but qu'il recherchait.* » Du reste, puisque l'occasion s'en présente, l'auteur du projet doit réclamer ici contre une erreur que commit M. le rapporteur, en lui fesant dire, que *par le moyen de son projet, les dangers de la Loterie actuelle disparaîtraient*; or, c'est ce qu'il n'a jamais dit ni pensé.

Quoiqu'il en soit, encouragé par beaucoup de personnes éclairées dans les matières de finances et de propriété qui ont lu et médité le Projet, par beaucoup de Propriétaires, surtout de ceux qui ayant vécu sur leurs terres, peuvent mieux que d'autres apprécier les heureuses et directes influences qu'il aurait sur l'agriculture et la propriété, l'Auteur, toutes les fois qu'il verra jour à le faire avancer un peu vers une solution favorable, renouvellera des efforts et des soins déjà bien anciens, auxquels il n'a manqué pour réussir que l'appui et les influences d'un nom connu. Ce Projet l'étant davantage aujourd'hui, l'utile et à peu près indispensable patronage dont il a besoin, surgira sans doute..... C'est d'autant plus à espérer, que si on veut y réfléchir un instant, on verra qu'il est sans contredit des entreprises plus propres à fixer l'attention du public et à flatter davantage l'amour-propre, mais qu'il en est peu dont puissent résulter des avantages aussi nombreux et aussi précieux, et qu'en s'y associant, c'est faire preuve d'un vrai patriotisme, et acquérir ainsi des droits à la reconnaissance publique ; ce qui doit suffire aux hommes modestes, dont le seul but est d'être utile.

Paris, 5 septembre 1831.

P. F.

Après avoir avancé dans ce qui précède que le projet d'une Loterie d'immeubles avait, en général, l'approbation de tous les propriétaires, il ne sera pas inutile et hors de propos de faire connaître à cet égard la manière dont l'a envisagé l'un d'entre eux, membre du Conseil général du département de l'Hérault, qui vient de le perdre et qui le comptait parmi les plus riches et les plus considérés du pays, moins pour sa fortune qu'à cause de ses longs services administratifs, ses connaissances positives en agriculture, et les bonnes méthodes dont il avait toujours donné l'exemple.... MM. les députés de l'Hérault, dont ce regrettable citoyen était bien connu, peuvent dire si son opinion sur cette matière, d'ailleurs si bien motivée dans la lettre suivante écrite à l'auteur du projet le 1er octobre 1829, mérite quelque attention.

Mon cher Monsieur,

L'honorable M. Renouvier m'a remis de votre part un projet de Loterie de biens-fonds... J'ai été convaincu, si on l'adoptait, du grand bien qu'il produirait sous tous les rapports... Surtout, j'ai été bien surpris que le Gouvernement si habile pour augmenter les produits fiscaux, ait négligé de s'en emparer et de s'en servir.

Que de pauvres diables, qui gémissent sur une propriété d'une grande étendue, sans moyens pour la faire valoir, seraient soulagés si votre projet était adopté ! Faute de moyens pécuniaires pour en soigner l'exploitation, ils consomment leur ruine, en attendant sans cesse un acquéreur que le mauvais état du domaine éloigne, ou en espérant un meilleur avenir qui n'arrive pas, jusqu'à ce qu'enfin une expropriation forcée les dépossède, après que les frais de justice en ont absorbé une bonne portion.

On crie avec raison de toutes parts contre la Loterie royale, et c'est sans doute ce mot de *Loterie*, qui a été la cause du peu de crédit qu'a obtenu votre projet ; mais en y réfléchissant, on se convaincra de la grande différence qui existe entre les deux Loteries; celle du gouvernement est éminemment immorale, parce que les avantages de la banque sont exorbitans, et que par conséquent, les joueurs sont des dupes; parce que la modicité des mises est à la portée des plus misérables, et excite la cupidité des joueurs peu fortunés qui ne calculent point le peu de chances de gain qu'elle leur offre, mais seulement la grosse somme qui leur écherait, si la fortune les favorisait; ce qui engage à se livrer à un jeu aussi désavantageux et à poursuivre des tentatives qui les portent le plus souvent à des actions viles et coupables, pour atteindre cette espérance qui leur échappe tous les trois jours.

Quant à la vôtre, c'est bien différent; d'abord le rapport des mises au lot est bien loin d'être disproportionné comme à la Loterie royale; en jouant à celle-ci par extrait, ce qui offre la chance la plus favorable, le numéro sortant obtient quinze fois la mise, et même rien que quatorze fois, parce que la mise est comprise dans ce qu'on reçoit... Supposons maintenant qu'un domaine mis en Loterie, selon votre projet, soit évalué à 90,000 fr., en y comprenant les frais que la direction exposerait, et que ces frais fussent de 5,000 fr. (ce qui réduirait la valeur intrinsèque du domaine à 85,000 fr.), que chaque numéro coûtera 1000 fr.; il y aura quatre-vingt dix numéros; le gagnant recevra 84,000 fr., au lieu de 14,000 qu'il eût reçus de la Loterie royale, en courant les mêmes chances; mais si l'on calcule ensuite l'avantage que retireraient la société, le Gouvernement et les particuliers de l'exécution de votre projet, sa moralité serait évidente; car rien n'est plus moral que ce qui porte du profit à tout le monde; la société trouverait dans une amélioration de culture de plus grandes ressources pour se nourrir, le

Gouvernement des recettes plus considérables par les fréquentes mutations de propriétés, et les particuliers possesseurs des domaines qu'ils ne peuvent ni vendre, ni exploiter, la facilité de se défaire d'un patrimoine qui leur est à charge, et le moyen de se soustraire à la misère, vers laquelle ils s'acheminent journellement.

Ce serait encore un moyen certain de faire fleurir l'agriculture, puisqu'un domaine que le propriétaire, faute d'argent, laisse sans rapport et presque en friche, tomberait nécessairement en bonnes mains, qui le rendraient fertile de stérile qu'il était; je dis qu'il tomberait nécessairement en bonnes mains, parce que si celui dont le numéro serait sorti, n'était pas assez riche pour l'exploiter convenablement, il le revendrait au-dessous peut-être du prix d'estimation, bien satisfait qu'il serait d'avoir gagné une somme, ne serait-elle, je suppose, que de 60,000 fr., et alors le nouvel acquéreur le mettrait en valeur; cela ne pourrait éviter d'arriver; ainsi il est clair que tout domaine loté finirait par une pente naturelle et insensible, par tomber en mains capables de le mettre en valeur, et nouveaux profits pour le fisc; et je réponds à l'objection que pourraient faire les Aristarques, en disant : *Mais si celui qui gagne le domaine, n'est pas assez fortuné pour le relever,* je réponds: tant mieux pour le fisc! car il sera revendu; et de nouveaux droits entreront dans les coffres publics, le Gouvernement y gagnerait encore un accroissement de population qui augmenterait les forces de l'État; car où les hommes trouvent à se nourrir, ils se propagent.

L'agriculture qui doit exciter la sollicitude d'un Gouvernement qui comprend bien les intérêts nationaux, recevrait un bienfait incalculable, et on ne doit pas oublier que c'est d'elle seule que découlent les richesses réelles d'une nation;

l'industrie et le commerce, qu'il doit bien cependant se garder de négliger, ne sont que des accessoires, parce qu'ils ne procurent que des richesses factices qu'un événement politique peut anéantir; aussi tout bon Gouvernement doit-il s'occuper essentiellement de la mère nourricière; car, s'il favorisait ces accessoires à ses dépens, il agirait comme celui qui pour exhausser un édifice, ôterait les pierres de ses fondemens.

Le résultat que ne doit donc jamais perdre de vue un bon Gouvernement, c'est l'augmentation des produits territotoriaux, et pour cela votre projet, mon cher Monsieur, est un spécifique infaillible, pour l'obtenir sans secousse et sans de grands efforts d'imagination; je dis sans secousse parce qu'un Gouvernement paternel, et même celui qui ne le serait pas devrait obvier à ce qu'un domaine susceptible de produire restât dans des mains incapables, qui le laissent dans un état de stérilité complète.

Mais combien les mesures qu'il faudrait prendre pour cela ne seraient-elles pas délicates, et tel moyen qu'on imaginât, que d'obstacles, que d'embarras ne rencontrerait-on pas! Car, à la rigueur, ne peut-on pas considérer le propriétaire d'un bien-fonds comme le dépositaire d'un terrain dont il doit un compte à la société? Et dans ce cas, un Gouvernement sévère sans cesser d'être paternel, serait-il injuste parce qu'il ôterait ce terrain à un propriétaire dont l'incurie ou le manque d'argent ne lui permettraient pas de l'exploiter, pour le remettre à un agriculteur soigneux et aisé, capable, en un mot, de lui faire produire de bonnes récoltes? mais, que d'obstacles à surmonter, tandis que votre projet les aplanit tous!... N'est-ce pas cependant ainsi qu'agit le maître dont parle le divin Sauveur dans sa parabole, en ôtant les talens qu'il avait remis à son serviteur, quoiqu'il les eût fidèlement gardés, mais par cela seul qu'il n'avait pas su les faire produire par le commerce ou par l'usure? Et cependant, votre projet qui est bien simple et avantageux sous tous les rapports, qui ne mécontenterait personne, remplirait néanmoins le but moral de la parabole, en favorisant les vues d'un Gouvernement, qui serait jaloux de porter son agriculture à un degré de perfection dont nous sommes encore éloignés.

J'espère, mon cher Monsieur, que si l'on prend la peine d'examiner votre projet avec attention et sans prévention, on reconnaîtra tous ces avantages, sans qu'on puisse lui trouver un seul des inconvéniens que l'on reproche à la Loterie royale; la vôtre n'exciterait pas le goût du jeu, parce qu'un joueur aime de jouer souvent, et que le résultat de votre Loterie ne pourrait être connu que dans cinq ou six mois, parce qu'enfin le vulgaire qui se ruine à la Loterie royale, ne mettrait pas à la vôtre dont les mises seraient au-dessus de sa portée, et que d'ailleurs, ce n'est pas un domaine qu'il convoite, mais bien de l'argent comptant.

Agréez, etc.

Signé SALES.

La Rouquette par Mèze (Hérault), 1er octobre 1829.

PRÉCIS

SUR L'UTILITÉ ET L'OPPORTUNITÉ

DE LA CRÉATION

D'UNE LOTERIE D'IMMEUBLES.

Arrêter la sortie de notre numéraire;

Attirer chez nous celui de l'étranger;

Remplacer les produits de la Loterie actuelle, lorsque l'abolition en sera jugée possible sans inconvéniens;

Créer en attendant une nouvelle branche de revenus à l'État, chose précieuse quand il y a, comme aujourd'hui, déficit dans les recettes;

Donner une vive impulsion à l'agriculture, surtout à l'égard des propriétés les plus médiocres et les plus négligées;

Accroître la valeur du sol qui en a le moins;

Faire jaillir de cette partie du sol presqu'improductive de nouveaux et abondans produits;

Procurer aux classes pauvres un soulagement réel et permanent, en multipliant par là graduellement jusques à l'infini les travaux de la terre.

Tels seraient les principaux résultats d'une Loterie d'immeubles, dont le projet fut remis à M. de Villèle le 12 avril 1825, et à M. Roy le 14 mai 1828.

Ce genre de Loterie, connu depuis long-temps, est pratiqué chez nous par les étrangers et à notre grand détriment, malgré les lois et la surveillance de l'administration qu'on élude facilement.

Simple d'ailleurs, il n'a ni inconvéniens, ni dangers; et sa mise à exécution n'entraînerait presqu'aucune dépense, puisque son exploitation pourrait être confiée à l'administration de la Loterie actuelle, dont elle serait une annexe et même un auxiliaire utile; et ce serait d'autant plus convenable, que même en supprimant la Loterie actuelle, si on le jugeait à propos, la plupart des employés actuels, buralistes, etc., pourraient être conservés; ainsi peu ou point d'existences dérangées; peu ou point de cautionnemens à rembourser.

On pourrait aussi la faire exploiter par une régie, et ce moyen serait peut-être le meilleur à employer pour réaliser plus promptement les avantages qu'on en peut espérer; dans ce dernier cas, le Gouvernement n'aurait qu'à faire exercer une surveillance convenable et à recevoir les produits qui lui en reviendraient.

Si ce projet de Loterie n'était pas adopté, il y aurait encore moyen de retrouver une grande partie de ses avantages en abrogeant les trois ou quatre articles des lois sur la Loterie, des 9 vendémiaire, 3 frimaire, 9 germinal an VI, et l'art. 410 du Code pénal, lesquels interdisent aux propriétaires l'usage de ce moyen pour la vente de leurs biens.

Cette faculté, au surplus, ne peut guère aujourd'hui leur être refusée dans un pays de liberté comme le nôtre, lorsqu'on en jouit dans ceux soumis au régime arbitraire; on le pourrait d'autant moins que plusieurs propriétaires ont déjà fait distribuer des annonces pour de pareilles ventes, dont il résulte un double mal. Le premier, est en ce que ces ventes n'étant assujéties à aucune règle ni contrôle, et la valeur des biens qui en sont l'objet étant faite d'une manière arbitraire, le public est ainsi exposé à être souvent trompé ; le second, et le plus grave, est dans le mépris et la violation patente des lois.

Si le Gouvernement, qui ne peut tolérer un scandale pareil, défère les contrevenans aux tribunaux, tout en ne réclamant que l'exécution de ces lois dont on lui reprochera avec raison de ne pas demander l'abrogation, il n'en soutiendra pas moins une cause évidemment contraire aux intérêts de l'État, des particuliers, et de cette portion du peuple pour laquelle on cherche du travail.

Ceux surtout qui aiment à lui trouver des torts seront fondés à lui reprocher, lorsque cela ne dépend que de lui, de ne pas présenter aux chambres une loi qui crée une Loterie d'immeubles, et qui le charge de l'organiser et de la mettre en activité, en abrogeant les articles des lois existantes, en ce qu'ils auraient de contraire à cette création; ou à défaut de cette Loterie, de ne pas faire rendre du moins aux propriétaires la faculté dont les privent lesdites lois de vendre à leur gré leurs biens par cette voie, sauf la surveillance et les règlemens qui seraient jugés nécessaires et même l'établissement d'un droit qui pourrait et devrait avoir lieu au profit du Trésor.

Une considération dont tout le monde sentira l'importance, c'est la ressource que cette Loterie, indépendamment de ses autres avantages, offrirait au Gouvernement pour vendre les biens de l'État, notamment les bois qui en dernier lieu n'ont pas trouvé d'amateurs au prix de l'estimation et qui par ce moyen se vendraient non seulement à leur prix réel, mais seraient même payés d'avance au lieu d'avoir de longs termes à donner aux acheteurs, comme c'est l'usage.

Et si Alger reste à la France, de quelle utilité une pareille Loterie ne serait-elle pas, pour y attirer de tous les coins de l'Europe, un immense surcroit de population nouvelle dont il a besoin, et qui, chose admirable ! après nous en avoir payé le sol et enrichi ainsi notre trésor, aurait plus que nous-mêmes intérêt à le bien cultiver et à le bien défendre s'il venait à être attaqué, à quoi elle mettrait d'autant plus de bonne volonté et de vigueur, que ce serait bien réellement *Pro aris et focis* qu'elle combattrait.

Puisque la loi a attribué au Gouvernement seul le monopole de la Loterie, une ordonnance royale devrait suffire pour autoriser par ce moyen, la vente des biens dont il vient d'être parlé, et quand même en cette circonstance on s'écarterait un peu de la lettre de la loi, qui voudrait blâmer une mesure aussi éminemment conforme à l'intérêt de l'Etat, mesure qui soumise à l'approbation des Chambres, ne manquerait pas d'être sanctionnée par elles ?

Au surplus aucune objection ne s'élève aujourd'hui contre la Loterie d'immeubles proposée ; si quelques personnes montrent de l'indifférence, elles se taisent sur leurs motifs ; le mot *Loterie* assez mal sonnant aujourd'hui, les effrayerait-elles ? Reculeraient-elles devant un mot dont ils faut se servir, pour exprimer une chose au fond très-utile, au moins pour ce qui regarde la Loterie en question ? Il est presque permis de le supposer, tout futile que serait ce motif.

Enfin on désire vivement des améliorations ; pourquoi alors ne pas s'empresser d'accueillir celles qui se présentent, grandes ou petites, lorsqu'elles sont praticables ? En tout temps n'a-t-on pas dit que les petits ruisseaux faisaient les grandes rivières ? Dirigeons donc beaucoup de ruisseaux vers le grand lac du Trésor, et tâchons, s'il se peut, de le faire déborder de tous côtés, ou du moins de le tenir toujours plein; et quand même nous resterions loin de ce but, il suffira qu'on voie adopter toutes les améliorations possibles qui peuvent nous en rapprocher, à plus forte raison celles qui sont faciles, pour que la confiance publique augmente de plus en plus et devienne plus générale et plus solidement vraie.

Ayant cru devoir d'abord communiquer à MM. les ministres dans les attributions de qui se trouvent les questions de propriété, d'agriculture et de finances, traitées dans le projet *d'une Loterie d'immeubles*, et *de la réponse aux objections* qui ont été faites, le soussigné eut l'honneur, le 31 octobre dernier, d'adresser avec le précis ci-dessus, quelques exemplaires de ce projet et de cette réponse, à M. le président du conseil, ministre de l'intérieur, et à M. le ministre du commerce et des travaux publics qui voulurent bien lui en accuser réception, et à M. le ministre des finances, de qui il n'a pas obtenu la même faveur.

Ce silence de sa part sur une affaire qu'on juge en général digne d'attention, vient sans doute, ou de ce que les lettre et mémoire sus-énoncés, n'ont pas encore passé sous ses yeux, ou de ce que ses occupations en ce moment plus multipliés que jamais, ne lui ont pas permis de s'y arrêter un instant, ou d'une répugnance décidée contre l'établissement de toute *Loterie d'immeuble*.

Si cette dernière cause est la véritable, le soussigné se

flatte de la détruire dans l'esprit de M. le ministre des finances, si dans une adience particulière qu'il prendra la liberté de lui demander incessamment, il veut bien entendre la communication d'une idée qu'il a cru devoir garder par devers lui jusques à présent, idée qui quoique bien simple, n'en renferme pas moins une mesure financière, dont le résultat serait des plus favorables au crédit public, et rendrait plus facile le service du Trésor, tout en fournissant trois ou quatre millions d'économie dont personne n'aurait à se plaindre.

P. FABRE.

Ancien propriétaire, et ancien négociant,
Place du Louvre, n. 4.

IMPRIMERIE DE SELLIGUÉ,
RUE DES JEUNEURS, N° 14.

www.ingramcontent.com/pod-product-compliance
Ingram Content Group UK Ltd.
Pitfield, Milton Keynes, MK11 3LW, UK
UKHW021649260726
13994UKWH00003B/1376

9 782329 499123